14. Septembre 1764.

ORDONNANCE DU ROI,

Concernant les Gardes du Pavillon & de la Marine, & les Volontaires.

Du 14 Septembre 1764.

DE PAR LE ROI.

SA MAJESTÉ s'étant fait repréſenter l'ordonnance du 11 janvier 1762, portant fixation du nombre des Gardes de la Marine, & règlement pour leur ſolde, ainſi que celles des 18 novembre 1716 & 7 juillet 1732, concernant l'établiſſement de la compagnie des Gardes du Pavillon-amiral: Et jugeant à propos de faire quelques changemens à la compoſition desdites compagnies; deſirant auſſi expliquer ſes intentions ſur ce qui concerne leur inſtruction, Elle a ordonné & ordonne ce qui ſuit:

B 1

ARTICLE PREMIER.

Fixation du nombre des Gardes de la Marine.

LES trois compagnies des Gardes de la Marine entretenus dans les ports de Breſt, Toulon & Rochefort, ſeront à l'avenir chacune compoſées de quatre-vingts Gardes de la Marine; elles auront trois Hautbois & deux Tambours.

II.

Officiers prépoſés aux trois compagnies des Gardes de la Marine.

CHACUNE de ces trois compagnies ſera commandée par

Un Capitaine de vaiſſeau;

Un Capitaine de frégate, qui en ſera le Lieutenant en premier;

Deux Lieutenans de vaiſſeaux, qui en ſeront les Lieutenans en ſecond;

Deux autres Lieutenans de vaiſſeaux, qui en ſeront les Chefs de brigade;

Et huit Enſeignes de vaiſſeaux, dont les quatre premiers en ſeront les Brigadiers, & les quatre autres les Sous-brigadiers; voulant Sa Majeſté que les places de Brigadiers & de Sous-brigadiers, ne ſoient dorénavant remplies que par des Enſeignes de vaiſſeaux.

III.

Appointemens & ſupplémens d'appointemens deſdits Officiers.

LES Officiers attachés à ces compagnies, jouiront, outre les appointemens attribués à leurs grades dans la Marine, des ſupplémens d'appointemens ci-après, par an;

SAVOIR,

Les Capitaines de vaiſſeaux Commandans deſdites compagnies, de deux mille quatre cents livres chacun.

Les Capitaines de frégates Lieutenans en premier deſdites compagnies, de mille livres chacun.

Les Lieutenans de vaiſſeaux Lieutenans deſdites compagnies, de ſix cents livres chacun.

Les Lieutenans de vaiſſeaux Chefs de brigade deſdites compagnies, de quatre cents livres chacun.

Les Enſeignes de vaiſſeaux Brigadiers deſdites compagnies, de trois cents livres chacun.

Les Enſeignes de vaiſſeaux Sous-brigadiers deſdites compagnies, de deux cents livres chacun.

I V.

LES ſupplémens d'appointemens réglés par l'article précédent, pour les Officiers de la Marine attachés aux compagnies des Gardes de la Marine, ceſſeront d'avoir lieu pour ceux de ces Officiers qui en quitteront les fonctions ; & alors ils ne jouiront que des appointemens attribués à leurs grades reſpectifs dans la Marine.

V.

Solde des Gardes de la Marine.

LES Gardes de la Marine, continueront d'être payés ſur le pied par an de trois cents ſoixante livres à chacun.

V I.

Solde des Hautbois & Tambours.

LES Hautbois ſeront payés ſur le pied par an de quatre cents quatre-vingts livres à chacun, & les Tambours ſur le pied par an de deux cents quatre-vingt-huit livres.

V I I.

Choix des Gardes, conditions & réceptions.

LE choix des Gardes de la Marine, ſera fait par Sa Majeſté ; il n'en ſera reçu aucun, s'il n'eſt Gentilhomme : ils pourront être reçus dès l'âge de quatorze ans, il ſera par eux rapporté des pièces authentiques de leur Nobleſſe & leur extrait baptiſtaire dûment légaliſé qu'ils ſeront tenus de préſenter en arrivant au département, au Commandant de la compagnie.

VIII.

Réception suspendue, dans quel cas.

Si le Sujet qui se présente avoit quelque difformité corporelle, veut Sa Majesté en ce cas que le Commandant suspende sa réception, en rende compte au Secrétaire d'État ayant le département de la Marine, & qu'il attende de nouveaux ordres de Sa Majesté.

IX.

Ce qui sera observé lors de la nomination aux places vacantes.

Lors de la nomination aux places vacantes, Sa Majesté aura particulièrement égard aux jeunes Gentilshommes qui auront déjà fait campagne de Volontaire sur ses vaisseaux, ou même sur les bâtimens des particuliers, ce qu'ils constateront en rapportant des certificats de leurs Capitaines & des Commissaires chargés du détail des classes, dans lesquels il sera fait mention du lieu & de la durée de chaque campagne.

X.

Préférence aux enfans du Corps.

Sa Majesté voulant bien accorder la préférence aux enfans des Officiers de la Marine, à mérite égal, pour leur procurer les moyens de s'en rendre dignes; permet aux Commandans de ses vaisseaux d'embarquer avec eux en qualité de Volontaires leurs fils & leurs propres neveux à l'âge de douze à treize ans.

XI.

Rang des Gardes de la Marine entr'eux.

Les Gardes de la Marine ne prendront rang entr'eux que du jour qu'ils auront fait enregistrer leurs certificats au Contrôle de la Marine de leur département, quelle que soit la date des certificats.

XII.

Certificats nuls, en quel cas.

Les certificats des Gardes de la Marine, qui ne seront pas rendus dans leur département quatre mois après le jour & la date de leurs expéditions, demeureront nuls : défend Sa Majesté aux Commandans de chaque compagnie d'y avoir égard.

XIII.

Ils tireront au sort s'ils se présentent plusieurs à la fois.

Si plusieurs Gardes de la Marine se présentent dans le département le même jour, ils tireront au sort devant leur Commandant pour décider de leur ancienneté & de l'ordre dans lequel ils doivent être enregistrés au Contrôle.

XIV.

Rang de ceux enregistrés le même jour dans les différens départemens.

Si les Gardes de la Marine, de différens départemens, se trouvent enregistrés du même jour, ils auront entr'eux le rang que Sa Majesté leur aura donné dans la liste générale.

XV.

Fixation du nombre des Gardes du Pavillon-amiral, & des Officiers qui y seront préposés, appointemens & solde.

La compagnie des Gardes du Pavillon-amiral, établie par les ordonnances des 18 novembre 1716 & 7 juillet 1732, sera composée :

Savoir ;

D'un Capitaine qui sera payé à six mille livres par an.

Un Lieutenant en premier, à trois mille livres.

Deux Lieutenans en second, à deux mille deux cents livres.

Deux Chefs de brigade, à deux mille livres chacun.

Quatre Brigadiers, à onze cents livres chacun.

Quatre Sous-brigadiers, à mille livres chacun.

Seront toujours tirés des Gardes de la Marine.

Et de quatre-vingts Gardes qui seront toujours tirés des trois compagnies des Gardes de la Marine, & qui seront payés à quatre cents trente-deux livres chacun.

Elle aura deux Tambours qui seront payés sur le pied de deux cents quatre-vingt-huit livres à chacun.

XVI.

Rang des Officiers.

LES Officiers de ladite compagnie auront rang de la date de leurs commiſſions & brevets :

SAVOIR;

Le Capitaine, rang de Capitaine de vaiſſeau.

Le Lieutenant en premier, rang de Capitaine de frégate.

Les Lieutenans en ſecond & les Chefs de brigade, rang de Lieutenans de vaiſſeaux.

Les Brigadiers & Sous-brigadiers, rang d'Enſeignes de vaiſſeaux.

Et s'ils avoient déjà le même grade ou autre ſupérieur avant d'être choiſis pour Officiers de ladite compagnie, ils en conſerveront le rang & l'ancienneté.

XVII.

L'Amiral préſentera les Officiers & les Gardes de la compagnie du Pavillon-amiral; conditions requiſes dans les ſujets propoſés.

LES Officiers de ladite compagnie & les Gardes, ſeront préſentés par l'Amiral à Sa Majeſté, & il leur ſera expédié en conſéquence les commiſſions, brevets ou ordres en vertu deſquels ils iront joindre la compagnie. L'Amiral ne pourra néanmoins propoſer à Sa Majeſté, pour les emplois vacans dans ladite compagnie, que des ſujets, qui, conformément aux diſpoſitions des articles X, XI, XII & XIII de l'ordonnance de ce même jour, concernant les Officiers de la marine, auront le temps & les ſervices néceſſaires pour acquérir les grades de la marine, dont leſdits emplois donneroient le rang.

XVIII.

Lieux de la réſidence des Gardes du Pavillon.

LA compagnie des Gardes du Pavillon-amiral, ſera partagée en deux détachemens égaux, l'un pour le port de Breſt & l'autre pour celui de Toulon.

X I X.

Résidence du Commandant de la compagnie.

Le Commandant de la compagnie des Gardes du Pavillon-amiral, pourra demeurer par-tout où sera l'Amiral; & en cas que l'Amiral n'aille point à la mer, ledit Commandant aura le choix de servir dans l'un des deux ports de Brest ou de Toulon; & il sera payé comme présent à ses fonctions, quand il sera à la suite de l'Amiral.

X X.

Rang des Gardes du Pavillon & de la Marine entr'eux.

Les Gardes du Pavillon & de la Marine, conserveront entr'eux leur rang d'ancienneté, du jour de la date de l'enregistrement de leurs certificats de Gardes de la Marine.

X X I.

Garde dans le port chez l'Amiral.

Lorsque l'Amiral sera dans un port, les Officiers & les Gardes du Pavillon qui s'y trouveront, feront la garde continuelle dans son appartement; si le nombre des Gardes du Pavillon n'est pas suffisant, il sera fourni tous les jours un supplément par la compagnie des Gardes de la Marine.

X X I I.

Honneurs rendus par la Garde.

Les Gardes du Pavillon, de garde dans l'appartement de l'Amiral, ne prendront les armes que pour les Princes du Sang ou légitimés de France, les Maréchaux de France, les Vice-amiraux & le Commandant en chef de ladite compagnie.

La sentinelle frappera trois fois du talon contre le parquet pour les Lieutenans généraux, & deux fois pour les Chefs d'escadre.

X X I I I.

Garde du Vice-amiral

Un Vice-amiral Maréchal de France, se trouvant dans le port, l'Amiral absent, l'Officier commandant les

Maréchal de France.

Gardes du Pavillon, lui fournira quinze Gardes avec un Officier pour faire la garde dans son appartement.

X X I V.

Garde dûe seulement au plus ancien des Vice-amiraux.

SI les Vice-amiraux se trouvent ensemble dans le port, & qu'ils soient Maréchaux de France, il ne sera donné de garde qu'à celui qui commandera.

X X V.

Honneurs rendus par la Garde.

LES Gardes du Pavillon, de garde à terre dans l'appartement du Vice-amiral Maréchal de France, ne prendront les armes & ne frapperont du talon que pour les personnes mentionnées dans l'article XXII ci-dessus.

X X V I.

Les Gardes du Pavillon-amiral auront la droite sur les Gardes de la Marine.

DANS toutes les occasions où les compagnies des Gardes du Pavillon-amiral & de la Marine, prendront les armes ensemble, la compagnie des Gardes du Pavillon aura la droite sur celle des Gardes de la Marine; dans ce cas & pendant les écoles, les deux corps seront commandés par l'Officier supérieur ou le plus ancien des deux compagnies; le même ordre aura lieu pour les autres Officiers desdites compagnies.

X X V I I.

Droits respectifs aux Officiers de chaque compagnie, de réprimer les Gardes qui se trouveroient en faute.

LES Officiers des compagnies auront respectivement le droit d'en imposer, de mettre en prison les Gardes qu'ils trouveront en faute dans quelque occasion & en quelque lieu que ce soit, ils en rendront compte sur le champ au Commandant de la compagnie du Garde délinquant.

X X V I I I.

ORDONNE Sa Majesté, sous peine d'interdiction, aux Commandans & Officiers des compagnies, de veiller ſur la conduite des Gardes du Pavillon & de la Marine, d'empêcher qu'ils ne commettent des déſordres, & qu'ils ne troublent en aucune manière le repos public. Enjoint au Commandant du port d'y tenir la main & de rendre compte ſur le champ à Sa Majeſté des manquemens en ce genre qui viendroient à ſa connoiſſance.

XXIX.

Défenſes aux Gardes de porter des fuſils & de s'éloigner du port de plus d'une lieue ſans permiſſion.

LES Gardes du Pavillon & de la Marine, ne pourront s'éloigner du port de plus d'une lieue ſans congé, ni ſortir de la ville avec des fuſils ſans permiſſion, à peine de priſon pour la première fois, & de caſſation en cas de récidive.

XXX.

Défenſe de quitter le ſervice ſans permiſſion.

ILS ne pourront quitter le ſervice ſans en avoir obtenu la permiſſion de Sa Majeſté, à peine d'un an de priſon, & d'être regardés comme inhabiles à remplir aucun emploi au ſervice du Roi.

XXXI.

Défenſe d'excéder le temps fixé par les congés.

LES Gardes qui, ayant obtenu des congés de Sa Majeſté, ne ſe rendront pas dans leur département au temps fixé, ſeront mis en priſon & privés de leur ſolde autant de jours qu'ils auront excédé le terme dudit congé.

XXXII.

Défenſe de ſe marier.

DÉFEND Sa Majeſté à tous Gardes de ſe marier, ſous peine d'être renvoyés de ſon ſervice.

XXXIII.

Détachemens des Gardes ſur les vaiſſeaux par tour de ſervice.

LES détachemens des Gardes du Pavillon & de la Marine, deſtinés à être embarqués, ſeront faits par leurs Commandans, qui obſerveront de les prendre par tour de ſervice, ſans aucune préférence; voulant Sa Majeſté que chacun aille à la mer à son tour: Elle enjoint au Commandant du port d'y tenir la main.

XXXIV.

Liste double des détachemens, remise au Commandant du port.

LA liste des détachemens des Gardes embarqués, sera remise double par le Commandant des Gardes au Commandant du port, qui en gardera une & fera passer l'autre à l'Intendant de la Marine.

XXXV.

Par qui sera commandé chaque détachement.

CHAQUE détachement sera commandé par un Officier de la compagnie, & à son défaut par le Garde le plus ancien du détachement.

XXXVI.

Détachement composé de deux compagnies.

LES Gardes des compagnies du Pavillon-amiral & de la Marine se trouvant mêlés dans le même détachement, prendront rang entr'eux du jour de la date de leur entrée au service, le plus ancien commandera le tout.

XXXVII.

Ces détachemens seront présentés aux Commandans.

TOUS les Gardes détachés pour servir sur les vaisseaux d'une armée ou escadre, seront présentés par leur Officier supérieur au Commandant du port & au Général qui commandera l'armée.

Chaque détachement sera présenté par son Commandant particulier au Capitaine du vaisseau sur lequel il est destiné, & lui demandera ses ordres.

XXXVIII.

Nombre des Gardes embarqués.

LE nombre des Gardes de chaque détachement sera fixé par Sa Majesté selon le rang des vaisseaux ou l'objet des campagnes.

XXXIX.

Le plus ancien Officier embarqué sur chaque

LE plus ancien des Officiers des Gardes de la Marine, embarqué sur chaque escadre, sera particulièrement chargé de veiller à leur conduite; il en informera le Général, & prendra ses ordres dans tous les cas qui pourroient arriver; il en sera de même de l'Officier de la compagnie des Gardes du Pavillon pour les Gardes de ladite compagnie.

escadre, veillera à la conduite des Gardes.

XL.

LES Officiers desdites compagnies seront embarqués par tour de service sur les vaisseaux, suivant leur grade; ils seront présentés au Commandant du port par leurs Commandans, qui observeront qu'il en reste toujours dans le port un nombre suffisant pour le maintien de la discipline des écoles.

Les Officiers des compagnies embarqueront par tour.

XLI.

LES Officiers des compagnies des Gardes du Pavillon & de la Marine, embarqués sur les vaisseaux, y feront le service avec les autres Officiers de la Marine, suivant leur rang d'ancienneté & leur grade.

Les Officiers embarqués feront le service du vaisseau.

XLII.

LORSQUE l'Amiral commandera l'armée, il sera embarqué sur son vaisseau tel nombre de Gardes du Pavillon qu'il voudra, lesquels feront la garde à la porte de sa chambre, ils ne prendront les armes que pour sa personne & pour celles mentionnées dans l'article XXII ci-dessus, il fera embarquer les autres Gardes sur tel vaisseau qu'il ordonnera.

Gardes du Pavillon embarqués sur le vaisseau commandé par l'Amiral.

XLIII.

SI l'Amiral juge à propos de mettre, sur le vaisseau qu'il montera, un plus grand nombre de Gardes qu'il ne s'en trouvera dans le port dans la compagnie du Pavillon-amiral, il y joindra tel nombre de Gardes de la Marine qu'il voudra, ils feront le même service que les Gardes du

L'Amiral y joindra tel nombre de Gardes de la Marine qu'il voudra.

Pavillon, feront commandés par les Officiers de ladite compagnie; & après la campagne, les Gardes de la Marine rejoindront leur troupe.

XLIV.

Détachement pour un Vice-amiral.

Si l'armée ou l'efcadre eft commandée par un Vice-amiral, il fera embarqué fur fon vaiffeau la moitié du détachement des Gardes du Pavillon qui doit fe trouver dans le port, avec un Officier.

XLV.

Détachement pour un Vice-Amiral portant le Pavillon carré.

Si un Vice-amiral a permiffion de porter le Pavillon carré au grand mât, il fera embarqué fur fon bord les deux tiers du détachement qui doit fe trouver dans le port.

Ce détachement fera commandé par un Lieutenant de la compagnie; le tiers reftant des Gardes du Pavillon fera commandé par un Chef de brigade & formera le détachement du fecond Pavillon.

XLVI.

Détachement d'un Contre-amiral.

Si une efcadre eft commandée par un Lieutenant général ou Chef d'efcadre portant Pavillon de Contre-Amiral, il fera détaché fur fon vaiffeau un Brigadier avec quinze Gardes du Pavillon.

XLVII.

Détachement de l'Officier général portant le guidon ou la cornette.

Si l'Officier général ne porte que le guidon ou la cornette, fon détachement fera de douze Gardes du Pavillon, commandés par un Sous-brigadier.

XLVIII.

Garde à bord du Vice-amiral.

Les Gardes du Pavillon feront la garde dans le vaiffeau à la porte du Vice-amiral.

XLIX.

Garde à bord du Lieutenant

Si les Gardes du Pavillon font détachés fur le vaiffeau d'un Lieutenant général ou Chef d'efcadre Commandant en chef, ils feront la garde à sa porte quand il le jugera à propos, mais pendant le jour seulement, & lorsqu'il sera à l'ancre ; ils prendront les armes pour sa personne & pour celles mentionnées dans l'article XXII. Lorsque le vaisseau sera à la voile, au lieu de garde ils feront régulièrement le quart avec les Officiers du vaisseau.

général ou Chef d'escadre.

L.

Détachement des Gardes sur les autres vaisseaux.

LES détachemens appartenans aux Gardes du Pavillon étant faits, les détachemens des autres vaisseaux feront composés des Gardes du Pavillon & des Gardes de la Marine, de manière que le nombre des Gardes de chaque corps embarqué sur toute l'escadre soit toujours en proportion du nombre des Gardes de chaque compagnie qui seront dans le port.

L I.

Il sera fourni deux rations à chaque Garde.

IL sera fourni à la mer aux Gardes du Pavillon & de la Marine, outre leur solde ordinaire, deux rations qui leur seront payées en argent par le Trésorier de la Marine, sur un ordre de l'Intendant du port, à moins qu'ils ne préfèrent de les prendre en nature.

L I I.

Ils feront le quart.

LES Gardes du Pavillon & de la Marine, embarqués sur les vaisseaux, se porteront avec zèle à toutes les manœuvres.

Ils seront partagés à la mer sous les ordres des Officiers chargés du quart ; ils le feront exactement jour & nuit.

Les Officiers de quart les interrogeront & les instruiront sur toutes les manœuvres, en leur expliquant les occasions où il est à propos de les exécuter.

L I I I.

Poste dans le combat.

ILS occuperont dans le combat le poste que le Capitaine jugera à propos de leur donner.

L I V.

Leur instruction à la mer.

POUR cultiver & entretenir à la mer les connoissances que les Gardes auront prises dans les écoles, le Commandant du détachement prendra les ordres du Capitaine de vaisseau pour régler les heures convenables aux leçons de manœuvre, de pilotage & de canonnage, qui leur seront données chaque jour par le premier Maître d'équipage, le premier maître Pilote & le maitre Canonnier: le Commandant du détachement y sera toujours présent.

L V.

Ils feront leurs journaux à la mer.

LES Gardes du Pavillon & de la Marine, capables de faire leurs journaux à la mer, seront obligés de les représenter à leur Officier & au Capitaine commandant le vaisseau, auxquels ils donneront tous les jours leurs points; lesdits journaux seront à leur retour examinés par les Commandans de leur compagnie & le maître d'Hidrographie qui leur fera remarquer les fautes qu'ils auront pu faire.

L V I.

Permission d'aller à terre.

LES Gardes embarqués sur un vaisseau, ne pourront aller à terre sans la permission de leur Officier particulier, quand même ils l'auroient obtenue de l'Officier commandant le vaisseau.

L V I I.

Par qui ils seront commandés en cas de descente.

EN cas de descente, ils seront toujours commandés par leur Officier à l'exclusion de ceux des vaisseaux qui seroient les plus anciens.

LVIII.

Si par les évènemens d'un combat ou quelqu'autre cause que ce soit, un vaisseau se trouvoit sans Officier de la Marine; veut Sa Majesté que le commandement en appartienne au plus ancien Garde du Pavillon ou de la Marine préférablement au Maître & au Pilote.

En quel cas ils commanderont les Maîtres à la mer.

LIX.

Au retour des campagnes, l'Officier ou le plus ancien des Gardes qui commandera le détachement de chaque vaisseau, sera obligé de demander au Capitaine, sous les ordres duquel il viendra de servir, un double certificat de bonne conduite, dans lequel chaque Garde sera apostillé sur ses bonnes ou mauvaises qualités & le plus ou le moins de progrès qu'il aura faits dans sa campagne.

Certificats de bonne conduite au retour de la mer.

LX.

Ces certificats seront remis par chaque Commandant de détachement au Commandant de sa compagnie, qui en conservera un & remettra l'autre au Commandant du port.

A qui ces certificats seront remis.

LXI.

Il sera entretenu dans les ports de Brest, Toulon & Rochefort, pour l'instruction des Gardes du Pavillon & de la Marine, des maîtres de Mathématiques, d'Hidrographie, de Dessein, de Construction, d'Escrime & de Danse; & il sera détaché du port un maître d'Équipage & un maître Canonnier pour leur enseigner la manœuvre & le canonnage.

Différens Maîtres, établis pour l'instruction des Gardes dans le port.

LXII.

Les Officiers des compagnies & les Gardes s'assembleront à sept heures du matin en été & à huit heures en hiver, dans une salle de leur hôtel qui leur sera désignée.

Heure de l'assemblée.

Qui commandera l'École. Il s'y trouvera toujours au moins un Officier de chaque compagnie, d'un grade supérieur à celui d'Enseigne de vaisseau, le plus ancien commandera l'école: Sa Majesté lui recommande expressément de faire respecter tous les Maîtres par les Gardes; voulant que ceux desdits Gardes à qui il arriveroit de leur manquer soient punis exemplairement.

Déférence des Gardes pour les Maîtres.

LXIII.

Appel & Messe. Les Brigadiers & Sous-brigadiers feront l'appel de leurs brigades après avoir rendu compte au plus ancien Officier de chaque compagnie, des absens & des malades, s'il y en a; ils conduiront les Gardes à la Messe qui sera dite dans leur chapelle par leur Aumônier.

LXIV.

Temps de leur instruction. Après la Messe, les Gardes passeront dans les différentes salles destinées à leur instruction qui durera jusqu'à onze heures du matin.

Les écoles recommenceront après midi, depuis deux heures jusqu'à cinq en été & jusqu'à quatre en hiver.

LXV.

Ordre à observer dans la distribution des instructions. Pour éviter la confusion, faire en sorte que tous les Gardes soient occupés, ne donner à chaque maître que le nombre de Gardes qu'il peut instruire, proportionner les instructions à leurs connoissances, les compagnies seront divisées en plusieurs détachemens; observant autant qu'il sera possible que les Gardes destinés à prendre leçons ensemble, soient de même capacité.

LXVI.

Suite de l'ordre à observer. Ces détachemens passeront successivement à chaque leçon un temps suffisant pour en profiter, mais combiné de manière que tous puiſſent prendre dans le jour les inſtructions qui leur conviennent.

LXVII.

Il y aura toujours dans chaque ſalle un Brigadier ou un Sous-brigadier pour y faire obſerver l'ordre, obliger les Gardes de porter toute leur attention aux inſtructions qui leur ſeront données, empêcher qu'ils ne ſortent ſans permiſſion juſqu'au temps fixé pour paſſer à une autre étude, où le même Officier les conduira. *Brigadiers ou Sous-brigadiers préſens aux inſtructions.*

LXVIII.

Les maîtres d'Eſcrime & de Danſe ne pouvant chacun donner leçon qu'à deux Gardes au plus à la fois, l'Officier prépoſé à ces ſalles aura l'attention de n'y ſouffrir que les Gardes qui prendront leçon, les faiſant paſſer enſuite à la manœuvre, aux canons & aux autres occupations qui peuvent s'interrompre ſans inconvénient. *Salle de danſe & d'eſcrime.*

LXIX.

Immédiatement après l'appel du matin & du ſoir, il ſera mis aux portes d'entrée du lieu deſtiné aux écoles, des ſentinelles fournies ſeulement de la compagnie des Gardes de la Marine. *Sentinelle.*

LXX.

Il ſera conſigné aux ſentinelles, ſous peine de priſon, de ne laiſſer ſortir aucun Garde ſans la permiſſion de l'Officier Commandant. *Conſigne.*

Tout Garde qui, ne s'étant pas trouvé à l'appel, ſe préſentera pour entrer aux écoles, ſera arrêté par la ſentinelle, & remis par elle à l'Officier de poſe pour être conduit au Commandant qui examinera ſes raiſons.

LXXI.

Aucun étranger ne pourra entrer dans les ſalles, ſans permiſſion.

NUL étranger, ſoit par curioſité, ſoit pour affaire particulière, ne pourra entrer dans les ſalles d'exercices, ſans qu'il ait été préſenté au Commandant de l'école qui ſeul peut en donner la permiſſion.

LXXII.

Les ſeuls Gardes admis aux ſalles.

IL ne ſera admis aux exercices & aux inſtructions des Gardes, qui que ce ſoit, s'il n'en a obtenu l'agrément par un ordre exprès de Sa Majeſté.

LXXIII.

Cours d'étude.

IL ſera compoſé, par ordre de Sa Majeſté, un cours d'élémens des différentes Sciences qui conviennent au ſervice de la Marine; cet ouvrage ſera commun aux trois ports, il ſervira de point fixe aux examens que Sa Majeſté ſe propoſe d'établir; & par cette unité d'inſtruction, les Gardes qui changeront de département, reprendront facilement le cours de leurs études.

LXXIV.

Subdiviſion des claſſes.

Baſſe claſſe.

CES élémens ſeront diviſés en trois parties, chaque compagnie ſera diviſée en trois claſſes, chaque claſſe ſubdiviſée en leçons; les nouveaux Gardes ſeront obligés d'apprendre la première partie de cet ouvrage, & formeront la plus baſſe claſſe.

LXXV.

Seconde claſſe.

ILS paſſeront enſuite à l'étude de la ſeconde partie, & formeront alors la ſeconde claſſe.

LXXVI.

Haute claſſe.

CEUX qui étudieront la troiſième partie, formeront la dernière & la plus haute claſſe.

LXXVII.

Examen par le Commandant.

Le Commandant de chaque compagnie ſera tous les ſamedis, l'examen des progrès du travail de la ſemaine; cet examen ſe répètera devant le Commandant du port, toutes les fois qu'il l'exigera.

LXXVIII.

Supplément d'étude.

Si quelques Gardes, après avoir fini le cours d'étude d'obligation, veulent étendre plus loin leurs connoiſſances, le Commandant preſcrira aux Maîtres de leur en faciliter l'étude par des leçons particulières.

LXXIX.

Temps pour chaque claſſe.

Veut Sa Majeſté que l'ancienneté ne ſoit de nulle conſidération dans la formation des trois claſſes, le temps d'y reſter ne ſera point fixé, la ſeule règle pour paſſer d'une claſſe à l'autre, ſera d'en avoir été jugé capable: Recommandant expreſſément Sa Majeſté aux Commandans des compagnies de ne faire paſſer un Garde d'une claſſe inférieure à une ſupérieure, qu'après s'être aſſurés par eux-mêmes, & de l'avis des Maîtres, de la capacité du ſujet.

LXXX.

Les Gardes de la baſſe claſſe ne ſeront point embarqués.

Défend Sa Majeſté qu'aucun nouveau Garde ne ſoit embarqué, s'il n'a fait le cours d'étude de la plus baſſe claſſe, & mérité après un examen de paſſer dans la ſeconde.

LXXXI.

Examen public par un Examinateur envoyé par Sa Majeſté.

Il ſera envoyé chaque année, par ordre de Sa Majeſté, un Examinateur pour interroger les Gardes de chaque claſſe.

Cet examen ſera fait publiquement en préſence des Commandans des ports & des Commandans de chaque compagnie.

LXXXII.

Il en sera rendu compte à Sa Majesté.

LORSQUE l'examen sera fini, le Commandant du port & le Commandant de chaque compagnie feront, chacun séparément, une liste apostillée de la bonne ou mauvaise conduite, ainsi que des talens des Gardes qui auront été examinés, & ils l'adresseront, chacun de leur côté, au Secrétaire d'État ayant le département de la Marine, auquel l'Examinateur remettra à son retour une pareille liste dans laquelle il fera mention du degré de capacité qu'il aura reconnu à chaque Garde examiné.

LXXXIII.

Conditions pour l'avancement.

QUOIQUE Sa Majesté veuille bien avoir égard, pour les avancemens, à l'ancienneté des services des Gardes, Elle donnera cependant la préférence à ceux dont l'application & les connoissances auront été constatées par l'examen.

LXXXIV.

Certificat de mérite pour l'avancement.

SI quelque Garde du Pavillon & de la Marine, de la plus haute classe, après avoir été examiné sur le cours entier d'étude d'obligation, étoit jugé digne par ses connoissances d'être fait Enseigne de vaisseau, il lui en sera délivré un certificat signé du Commandant du port & du Commandant de la compagnie, dont un double sera adressé au Secrétaire d'État ayant le département de la Marine, pour en rendre compte à Sa Majesté, qui y aura égard lors des premiers remplacemens, & l'Examinateur en fera une note sur la liste particulière qu'il doit remettre audit Secrétaire d'État ayant le département de la Marine.

LXXXV.

Maîtres chargés des instrumens & des livres.

SA MAJESTÉ ayant fait fournir aux Écoles les livres, cartes & instrumens nécessaires pour l'intelligence & la pratique des Sciences qui s'y enſeignent; veut que chaque Maître ſoit chargé & réponde de ceux qui le concernent; qu'il en ſoit fait un état ſigné de chacun d'eux, & remis au Commandant de la compagnie des Gardes de la Marine.

LXXXVI.

Fuſils fournis pour les écoles.

LES Gardes devant être inſtruits & exercés au maniement des armes, Sa Majeſté fera fournir dans chaque École un nombre ſuffiſant de fuſils & de gargouſſiers, qui ſeront entretenus propres par un Armurier payé à cet effet.

LXXXVII.

Défenſe de les ſortir de l'hôtel.

DÉFEND Sa Majeſté qu'on ne ſorte aucun fuſil de l'hôtel que dans les occaſions où les compagnies prendront les armes dans le port.

LXXXVIII.

Fuſils fournis pour la mer.

LES Gardes détachés ſur les vaiſſeaux, continueront d'être armés de fuſils tirés de l'arſenal, ils en répondront, & leſdits fuſils au déſarmement ſeront rendus en bon état par le Commandant de chaque détachement.

LXXXIX.

Inſpection ſur les bâtimens deſtinés aux écoles.

LE Commandant des Gardes de la Marine de chaque port, continuera comme par le paſſé d'être chargé de veiller à la ſûreté & à l'entretien du bâtiment deſtiné aux Écoles.

XC.

Avertir l'Intendant & l'Ingénieur.

IL avertira l'Intendant de la Marine & l'Ingénieur chargé des bâtimens de l'arſenal, des réparations qu'il croira néceſſaires pour la conſervation de cet édifice.

XCI.

Rondes.

IL fera faire une ronde tous les ſoirs pour faire éteindre les feux.

XCII.

Autorité sur les Maîtres d'exercice & sur les Domestiques.

IL aura autorité ſur les Maîtres d'exercice, en les traitant d'ailleurs avec les égards qui conviennent pour les faire reſpecter des Gardes; il aura auſſi toute autorité ſur les domeſtiques logés & entretenus pour le ſervice des Écoles.

XCIII.

Diſcipline particulière lors de l'établiſſement d'un hôtel.

LORSQUE les Gardes du Pavillon-amiral & de la Marine, ſeront logés enſemble dans l'hôtel qui leur ſera deſtiné; veut & entend Sa Majeſté que chaque Commandant ſoit particulièrement chargé de veiller à la portion du bâtiment occupé par ſa compagnie; que chacun ait la diſcipline particulière de ſa troupe & l'autorité ſur les domeſtiques affectés à chacun de leur quartier: Sa Majeſté ſe réſervant de faire connoître plus amplement ſes intentions ſur la diſcipline commune à tout l'hôtel, lorſque les Gardes y ſeront logés.

XCIV.

Revues.

IL ſera fait à la fin de chaque mois, par le Commiſſaire de la Marine prépoſé à cet effet par l'Intendant de chaque port, la revue des compagnies des Gardes du Pavillon & de la Marine ſervant dans le port: lui défend Sa Majeſté, à peine d'interdiction, d'en employer aucun dans les extraits qu'il remettra à l'Intendant pour être envoyés au Secrétaire d'État ayant le département de la Marine, s'il n'a été effectivement préſent.

XCV.

Volontaires-Gentilshommes.

LE nombre auquel Sa Majeſté a jugé à propos de fixer les Gardes de la Marine dans chaque compagnie, ne permettant pas d'y recevoir tous les Gentilshommes qui ſe préſentent: Et Sa Majeſté voulant donner à la

Nobleſſe de ſon royaume, les moyens de s'attacher au ſervice de la mer; permet que des Gentilshommes âgés de treize à quatorze ans, puiſſent ſervir ſur ſes vaiſſeaux en qualité de Volontaires, après toutefois qu'ils auront conſtaté leur naiſſance, produit leur extrait baptiſtaire, & que leur ordre pour s'embarquer leur aura été expédié par le Secrétaire d'État ayant le département de la Marine.

XCVI.

Autres Volontaires.

SA MAJESTÉ, pour procurer en même temps aux jeunes gens de bonne famille qui ſe deſtineroient à commander les bâtimens des particuliers, les connoiſſances des manœuvres & des évolutions néceſſaires pour bien naviguer dans les flottes & les convois; permet également qu'ils ſoient embarqués ſur ſes vaiſſeaux en la même qualité de Volontaires, pourvu qu'ils ſoient âgés de ſeize ans, & qu'ils aient navigué un an ſur les bâtimens marchands pour s'inſtruire des premiers élémens de la Navigation : il leur ſera auſſi expédié l'ordre néceſſaire à cet effet, après qu'ils auront produit leur extrait baptiſtaire, les certificats qui conſtateront leur origine, & ceux du temps de la navigation qui leur eſt preſcrite, ſignés des Capitaines ſous leſquels ils auront ſervi, & viſés des Commiſſaires aux claſſes du département où les bâtimens auront déſarmé.

XCVII.

Combien d'embarqués ſur chaque vaiſſeau.

LE nombre des Volontaires embarqués ſur chaque vaiſſeau, ſera fixé par Sa Majeſté, ſuivant le rang du vaiſſeau.

XCVIII.

Solde & rations.

LES Volontaires embarqués ſur les vaiſſeaux de Sa Majeſté, auront à bord une ration de vivres par jour,

& quinze livres de paye par mois à leur première campagne; leur paye sera augmentée de trois livres après six mois de navigation effective au service de Sa Majesté, & ainsi progressivement jusqu'à ce qu'elle soit parvenue à celle de trente livres.

XCIX.

Service & instruction à la mer.

ILS feront à bord le service qui leur sera prescrit par le Commandant du vaisseau, & ils y seront instruits des principes de la navigation, de la manœuvre & du canonnage.

Le premier Lieutenant du vaisseau ou un des autres Officiers nommés à cet effet par le Commandant du vaisseau, sera chargé de veiller particulièrement sur leur conduite & instruction, & il en sera rendu compte à la fin de la campagne au Secrétaire d'État ayant le département de la Marine.

C.

Habiles à commander les bâtimens des particuliers, après quatre ans & demi de navigation.

LES Volontaires, après quatre ans & demi de navigation, dont deux sur les vaisseaux du Roi, & ayant atteint l'âge de vingt-deux ans, seront habiles à commander les bâtimens des particuliers, en présentant à l'Amirauté les certificats de service & de bonne conduite, dûment signés, & en subissant les examens ordonnés.

C I.

Examen des Volontaires-Gentilshommes, & certificat dudit examen.

LES Volontaires-Gentilshommes qui auront quatre années de navigation, dont deux sur les vaisseaux de Sa Majesté, & qui auront vingt ans accomplis, pourront, après en avoir obtenu la permission du Secrétaire d'État ayant le département de la Marine, se présenter dans les ports pour y subir examen, & il en sera délivré par le Commandant du port & l'examinateur, au Volontaire qui se sera présenté avec succès, un certificat, dont copie sera adressée au Secrétaire d'État ayant le département de la Marine, pour en rendre compte à Sa Majesté, qui appellera ledit Volontaire à son service lorsqu'Elle le jugera à propos.

C I I.

Comment les autres Volontaires qui auront commandé des bâtimens des particuliers, seront employés sur les vaisseaux du Roi.

A l'égard des autres Volontaires, Sa Majesté se réserve de faire choix de ceux d'entr'eux qui auront le plus d'expérience, & qui auront commandé des bâtimens marchands, pour les employer par commission sur ses vaisseaux lorsqu'Elle aura besoin de leurs services; Sa Majesté se proposant de les admettre entièrement dans sa Marine lorsqu'ils s'en seront rendus dignes par leurs belles actions dans les commandemens particuliers qui leur auront été confiés.

C I I I.

Uniforme des Gardes du Pavillon.

L'UNIFORME des Gardes du Pavillon-amiral, sera de drap bleu-de-roi, doublé de serge écarlate ainsi que la veste; les paremens du justaucorps, la veste & la culotte seront de drap écarlate, les boutons de cuivre doré d'or moulu sur bois jusqu'à la ceinture, trois sur les manches & trois sur chaque poche, une aiguillette en or sur l'épaule droite, les bas écarlate, le bord du chapeau à la mousquetaire, les épées & boucles de souliers dorées, unies, le ceinturon façon de peau d'élan, doublé & piqué de fil d'or, un bordé d'or large d'un pouce autour des manches & des poches du justaucorps.

Les Officiers de la compagnie seront habillés des mêmes étoffes & couleurs, l'habit & la veste bordés d'un galon d'or d'un pouce & demi, double bordé sur les manches.

C I V.

Uniforme des Gardes de la Marine.

L'UNIFORME des Gardes de la Marine, ſera de drap bleu-de-roi, doublure de ſerge écarlate, paremens, veſte & culotte de drap écarlate, boutons de cuivre doré d'or moulu ſur bois juſqu'à la ceinture, trois ſur les manches & trois ſur chaque poche, chapeau bordé d'or, les épées & boucles de ſouliers dorées, unies, le ceinturon façon de peau d'élan, doublé & piqué de fil d'or, les bas écarlate; ils auront ſur chaque épaule une épaulette d'or qui ſera travaillée du même deſſein que le galon de l'uniforme des Officiers de la Marine; ils ſubſtitueront à l'épaulette d'or une aiguillette d'or ſur l'épaule droite, les jours de revue & de parade.

Les Officiers deſdites compagnies n'auront d'autre uniforme que celui réglé pour leurs grades dans la Marine, ils porteront ſeulement une aiguillette d'or ſur le grand uniforme & une épaulette ſur le petit.

C V.

Porteront exactement l'uniforme.

VEUT Sa Majeſté que les Officiers & Gardes portent toujours l'uniforme dans les ports & à la mer, leur défend d'y faire aucun changement; leur permet ſeulement de le porter en camelot de laine pendant l'été.

C V I.

Propreté & conſervation des armes & des habits.

LES Officiers des compagnies auront attention que les armes & l'habillement des Gardes ſoient toujours propres & en bon état, & ils ne ſouffriront pas qu'aucun Garde paſſe en revue ſans avoir ſon habit complet.

MANDE & ordonne Sa Majeſté à Monſ. le Duc de Penthièvre, Amiral de France, aux Vice-Amiraux, Lieutenans généraux, Intendans, Chefs d'eſcadre, Commandans

14 7bre 1764.

des ports, Commandans des Gardes du Pavillon & de la Marine, Commissaires généraux & ordinaires de la Marine & autres qu'il appartiendra, de tenir la main à l'exécution de la présente ordonnance. FAIT à Versailles le quatorze septembre mil sept cent soixante-quatre. *Signé* LOUIS. *Et plus bas,* LE DUC DE CHOISEUL.

LE DUC DE PENTHIÉVRE,
Amiral de France.

VU l'ordonnance du Roi ci-dessus, & des autres parts, à nous adressée : MANDONS aux Vice-amiraux, Lieutenans généraux, Intendans, Chefs d'escadre, Commandans des Ports, Commandans des Gardes du Pavillon & de la Marine, & autres qu'il appartiendra, de la faire exécuter suivant sa forme & teneur. FAIT à Versailles le dix-huit septembre mil sept cent soixante-quatre. *Signé* L. J. M. DE BOURBON. *Et plus bas,* Par son Altesse sérénissime. *Signé* DE GRANDBOURG.

A PARIS, DE L'IMPRIMERIE ROYALE. 1764.

www.ingramcontent.com/pod-product-compliance
Ingram Content Group UK Ltd.
Pitfield, Milton Keynes, MK11 3LW, UK
UKHW020228180726
13838UKWH00005B/2261